ÉTUDE DE LA PATRIE.

PHYSIOGRAPHIE DE L'ARMÉNIE.

DISCOURS

PRONONCÉ LE 12 AOÛT 1861,

A LA DISTRIBUTION ANNUELLE DES PRIX,

AU COLLÉGE ARMÉNIEN SAMUEL MOORAT,

PAR

LE P. LÉON M. D. ALISHAN,

DIRECTEUR DU COLLÉGE.

VENISE,

IMPRIMERIE ARMÉNIENNE DE SAINT-LAZARE.

M DCCC LXI.

DÉDIÉ

A LA

SOUVERAINETÉ SOCIALE ET UNITAIRE DE FRANCE

C'EST-A-DIRE

A LA GÉNÉRALITÉ DES CITOYENS FRANÇAIS

PAR

LES OUVRIERS SOCIALISTES

DE PARIS.

MESSIEURS,

En couronnant les travaux de l'année scolaire de notre établissement, nous allons vous présenter, Messieurs, une quinzaine de jeunes gens qui, ayant terminé leur éducation, retournent au pays natal, pour réfléchir les rayons dorés de l'Occident sur le vieil Orient, source de toute lumière. Quittant avec regret un pays hospitalier, foyer des sciences et des arts, ils espèrent s'en dédommager par la douceur de la patrie et la bienveillance du gouvernement auquel ils sont dévoués. C'est une noble pensée de votre part, Messieurs, de consacrer avec nous quelques heures à l'examen et à l'encouragement des travaux de l'éducation, la plus utile entreprise de l'homme, et en même temps la solution des problèmes de toute économie sociale. C'est à des réflexions de cette nature que je serais naturellement amené par cette solennité ; toutefois, je ne voudrais pas fatiguer mon honorable auditoire, qui d'ailleurs aurait mille raisons de préférer à un faible essai dans une langue qui n'est pas la mienne, les discours éloquents dont retentissent à pareille heure les écoles, les colléges, les institutions, toutes les salles d'éducation, tout Paris, toute la France. Je chercherai donc, Messieurs, tout en ménageant votre patience, le sujet le plus approprié au gout des jeunes gens qui m'entendent pour la dernière fois. Est-il besoin de rappeler à leur souvenir que les mobiles par excellence de l'éducation, sont la Religion, les Sciences et les Arts, et l'Amour de la patrie? J'essaierai de montrer l'harmonie de ce dernier avec les autres. L'étude de notre patrie, de notre chère Arménie, sera l'objet de mon discours. Évitant l'arène dangereuse de la politique, c'est plutôt sur les lois physiques et l'aspect de la nature dans notre pays, que j'appellerai votre attention. Ce tableau est encore assez vaste, et il comporterait plus de talent et plus de loisirs ; je n'ai donc à tracer ici qu'une simple ébauche : et si votre indulgence parvient à y trouver quelque agrément, ce sera, certes, par l'effet même du sujet de notre tableau.

I.

Le développement des études historiques qu'exige de nos jours l'étendue des faits et des questions politiques, présuppose des connaissances géographiques et géologiques. Peu attrayantes par elles-mêmes, celles-ci amènent souvent les vues les plus élevées et les plus morales.

L'aspect général du pays dont je vais traiter, nous présente des phénomènes fort remarquables, et, pour tout dire en un mot, c'est un pays de contrastes par excellence, que toutes les données de sa configuration nous permettent de constater, et qui n'exercent pas sur le moral de ses habitants une médiocre influence. Douée, grâces à sa position géographique, d'un climat des plus tempérés, des plus doux, égale sous ce rapport à l'Italie, à la Grèce, à l'Espagne, l'Arménie présente les horreurs des régions glaciales et parfois les chaleurs des tropiques. Il va sans dire que le contraste de cette position avec l'élévation de sa surface au-dessus du niveau de la mer, en est la cause. En effet, si les plus hautes cimes des Vosges et du Jura n'arrivent point à la hauteur de ces plateaux bien peuplés et bien cultivés où l'Euphrate, l'Araxe, le Cour et l'Aradzani (Mourad-Tchaï) prennent leurs sources argentines; si les fameux passages du Mont-Cenis, du Simplon, du Saint-Gothard sont encore au-dessous des eaux azurées du lac de Sévan entouré de centaines de villages, constamment habités; d'un autre côté, certaines parties de notre pays non seulement s'abaissent jusqu'au niveau de la mer, mais sont même dépassées par elle; car les bords de la Caspienne, où se confond le plan naturel de l'Arménie, sont à 25 mètres au-dessous du niveau de la mer Noire et de l'Océan. De là ces contrastes et ces jeux mutuels de deux saisons opposeés, dont l'une fait, dit-on, quelquefois fondre sous ses rayons caniculaires le plomb des coupoles de Diarbékir, tandis que l'autre étend, six mois de l'année, son blanc linceul sur la plus grande partie de la surface du pays, et abaisse la température au-dessous de 26° Réaum. Les caravanes se munissent d'épaisses fourrures pour traverser les lacs et les fleuves engourdis sous des couches de neige et de glace, qui ne permettent pas de distinguer le vallon de la plaine. Heureux encore si ces hardis voyageurs peuvent échapper aux avalanches et aux tourbillons de neige qui souvent engloutissent la caravane entière. Le dernier espoir de salut, était, en pareil cas, selon le témoignage de Strabon, une longue perche, que le malheureux enseveli dans les neiges tâchait de pousser à travers la voûte de sa prison glaciale, comme un signal de sa vie palpitante, qui attendait un sauveur. C'est ainsi qu'on sauva notre roi Sanadroug encore au berçeau, après qu'il eût resté trois jours attaché au sein de sa nourrice, dans ce monde de neige: son petit-fils, Diran, plus malheureux que lui, y perdit la vie après vingt ans de règne. C'était une tâche utile et une fonction honorable que l'intendance royale des neiges, d'où tirait son nom une de nos plus nobles familles ou races, Ձիւնական. Pour la sûreté des voyageurs, on établissait des hôtels ou caravansérails sur les chemins et passages les plus fréquentés et les plus dangereux: tels sont, entre autres, les *Khans* du vallon de Rahva, entre Bidlis et Khelath. Cet hiver arménien, comme le nomme le grand Chrysostome, qui en éprouva les rigueurs, fut souvent l'effroi des conquérants; il est proverbial chez les historiens et les poètes de l'antiquité, de Xénophon jusqu'aux chronographes byzantins. De nos jours, des voyageurs naturalistes ont constaté que l'hiver d'Érzeroum n'est pas moins rigoureux que celui du Grand S.t Bernard, malgré une latitude de 5 degrés de moins, et une hauteur absolue de 500 mètres au-dessous du célèbre hospice des Alpes; et que l'hiver d'Agori, sous 39 degrés de latitude, et à la hauteur de 1760 mètres, égale celui du Cap-Nord sous la zône glaciale, à l'extrémité de l'Europe: à Erivan, capitale de l'Arménie Russe, on a observé l'été, à l'ombre, une chaleur de 30° R. au-dessus, l'hiver 30° au-dessous de zéro: alternative qu'on chercherait à peine sous la zône polaire en Groënland, contraste qu'on ne voit nulle part. Le contraste est plus frappant encore quand on considère le paysage morne et monotone de notre pays, à l'époque de l'année, où, derrière les montagnes qui le séparent du Pont, les orangers fleurissent en plein air à Trébizonde, ville saluée déjà par l'hirondelle qui, en y venant, plane sur l'Arménie sans y toucher, tandis que, au pied d'autres montagnes moins élevées, on vend la glace à Mossul pour tempérer les chaleurs étouffantes. Cependant entre la capitale du Pont et celle de l'Assyrie, l'étendue de l'Arménie, en droite ligne, n'excède pas 6–700 kilomètres; de sorte que la vapeur pourrait la franchir entre le lever et le coucher du soleil: matinée de printemps, midi d'hiver, soirée d'été. Probablement vous ne profiterez pas, Messieurs, de ce train de plaisir; vous ne voudrez pas, dans une seule journée, vivre trois saisons différentes, surtout la deuxième. Quelle horreur, direz-vous, quel affreux pays que ce pays d'Arménie! Vous en voulez donc à mon pauvre pays? Ah! quand la patrie est bien-aimée, toutes les saisons sont belles, et la nature la plus sauvage s'adoucit dans un cœur cultivé! Toutefois, je connais de vos compatriotes, des habitants de Paris et de Londres, des négociants, des consuls qui ne quitteraient pas facilement le séjour d'Érzeroum pour revenir en Europe, bien qu'ils voient l'eau gelée la nuit même du solstice du

Cancer. Ces quatre ou cinq mois délicieux, placés entre deux hivers, ils les préfèrent à toute une année dans votre climat, et dans plus d'un autre. L'élasticité, la pureté de l'air, et la fraîcheur de son courant, la limpidité des eaux, la vigueur, l'éclat de la végétation, la saveur des produits de cette terre aérienne, pour ainsi dire, ont fait de l'Arménie un pays de délices, un quartier d'été pour les conquérants d'Asie, et les rois voisins, depuis Sémiramis, jusqu'aux gouverneurs de la Transcaucasie. Le château de Van, bâti sur un pic ou rocher isolé, à plusieurs centaines de pieds au-dessus du plateau qui lui-même s'élève de plus de 5100 pieds au-dessus du niveau de la mer, cette merveille de la nature et de l'art, a été le premier château de plaisance d'été de cette reine orgueilleuse, dont il porte encore le nom, nom perdu dans les ruines de Babylone et d'Écbatane. Quant à nos rois, ils n'avaient pas besoin de chercher leurs quartiers d'hiver chez l'étranger : l'immense plaine où le steppe de Moughan, que traversent l'Araxe et le Cour avant et après leur jonction, a été de tout temps, par un autre contraste, le refuge d'hiver pour le règne animal de notre pays. L'été, c'est un désert aride qui sous un herbage brûlé ne produit que des serpents perfides, dont l'armée de Pompée a beaucoup plus souffert que de tous ses ennemis en Asie ; il devient un pâturage et un véritable haras entre l'été et l'hiver. Dans cette dernière saison, à peine effleuré par une neige transparente, Moughan se peuple de ces gentils épicuriens ailés, dont les migrations annuelles charment le laboureur et le philosophe. Une race, toute autre que celle de nos oiseaux paisibles, s'emparant au moyen âge de ces vastes solitudes, les couvrit de hordes belliqueuses sorties des steppes d'outre le Djihoun et le Jaxarde : les armées innombrables des Mongols, guidées par Djourmaghoun et Houlaghou, y dressaient durant l'hiver leurs chevaux et leurs troupes au carnage et au pillage, qu'elles exerçaient au printemps dans tous les pays d'alentour. Leurs chefs sanguinaires, à l'approche des chaleurs, se sauvaient sur les fraîches hauteurs d'Aladagh, montagne de la chaîne d'Ararat, e sur laquelle A-bagha-Khan se bâtit un somptueux château, vaste comme une cité, dont les restes ont échappé à l'investigation des voyageurs, comme sa position est restée inconnue aux célèbres orientalistes qui traitèrent de l'histoire des Mongols. Cette longue chaîne d'Ararat, que je viens de nommer, partage toute l'Arménie, versant ses eaux, d'un côté, aux mers Euxinienne et Caspienne, de l'autre à la Méditerrannée et au golfe Persique. Soudée elle-même à l'immense zone de montagnes qui d'un bout à l'autre entoure horizontalement toute l'Asie, des extrémités des Indes et de la Chine, jusqu'à celles de l'Asie Mineure, et se prolonge même dans l'Europe orientale, cette chaîne arménienne, avec ses contreforts, est regardée par le plus grand géologue des temps modernes, Humboldt, comme le centre de gravité de tout l'ancien monde. Cependant, cette chaîne, pas plus qu'aucune autre dans l'Arménie, ne dessine clairement ni ce rempart impénétrable du Caucase, ni ces crêtes continues des Andes, de l'Himalaya et des Apennins; elle n'a pas même l'aspect imposant du Taurus dans l'Asie Mineure méridionale. L'Arménie est traversée par plus d'un chaînon secondaire des branches du Caucase, du Taurus et de l'Ararat; coupée par des blocs de montagnes, hérissée de pics isolés, bien autrement imposants par leurs formes, par leur hauteur et leur volume: et c'est à bon droit que le père de la géographie comparée, Ritter, nomme notre pays, *Ile-à-montagnes*, (Berginsel). Vous n'en jugerez pas autrement, si vous l'observez entre les plaines de la Mésopotamie, de l'Albanie et de la Géorgie, entre la mer Noire et la mer Caspienne, où le plateau s'élève à plus de 2000 mètres, avec des montagnes d'une hauteur absolue de 5000 mètres. Son point culminant, le Massis ou Grand-Ararat, dépasse de près de 500 mètres le Mont-Blanc; et, isolé de trois côtés, il s'élève comme le géant des montagnes à plus de 4000 mètres au-dessus de la plaine de l'Araxe, montrant glorieusement à une distance de 50 lieues sa tête chenue, autrefois couronnée par l'arche. La cape blanche qui le couvre perpétuellement fait un contraste frappant avec ses flancs noirs, quand ils se dégagent du manteau de l'hiver. Car c'est encore un phénomène des plus remarquables de notre pays, que la hauteur de la ligne de glace de ses montagnes; dont presque aucune, excepté le Massis, ne la contient toute l'année, si ce n'est sur quelques cols peu nombreux. Ainsi, cette ligne ne descend pas au-dessous de 4000 mètres dans les cônes de l'Arménie, et de 3500 dans ses chaînons. Il avait donc raison le poète latin (1) de remarquer que pas même dans les monts de l'Arménie la glace inerte ne restait pendant tous les mois:

Nec Armeniis in oris
...Stat glacies iners
Menses per omnes.

Qu'il est donc grand le contraste de l'aspect de notre pays entre les mois des deux extrémités de l'année et ceux du milieu; entre ce linceul blanc qui le couvre littéralement tout entier, et le tapis de verdure variée qui y succède subitement! Mais comment disparaissent ces énormes amas de neige et de glace? où vont se décharger ces immenses eaux

(1) Horace. Odes. II. 9.

naguère enchaînées? Elles devraient sans doute ravager, inonder, anéantir toute la surface du pays, si la nature en le formant ne l'avait pour ainsi dire bombé et placé comme un bouclier convexe entre quatre mers méditerranées vers lesquelles ses versants inclinés déversent abondamment ces filtrations limpides, qui nourrissent les plus grands fleuves de l'Asie antérieure. — Outre le penchant prononcé du terrain, les lits de ses fleuves sont très-profonds; il y en a qui présentent des bords escarpés de plusieurs centaines de pieds au-dessus de leurs ondes noirâtres; et c'est pourquoi certains de ces fleuves ou rivières se nomment *Noirs*. Tout ce déluge annuel ne suffirait pas pour alimenter la terre, si la patiente industrie du cultivateur n'avait creusé une multitude de canaux, et formé un réseau mouvant autour de ses champs et de ses prairies. Il faut le reconnaître, nos pères, sans avoir les facilités de notre époque, étaient assez avancés dans l'art hydraulique: l'eau stagnante dans le creux du vallon, ou se frayant un passage à travers le roc des ravins, non seulement était attirée pour concourir avec la sueur du laboureur, mais elle était poussée quelquefois par des sentiers serpentants le long des rochers escarpés et des collines à pic, pour se recueillir, à leur sommet, dans un bassin taillé dans le roc du château-fort d'un seigneur ou d'un vassal opprimé par un tyran. Ailleurs, par un autre procédé et avec d'autres vues, on creusait des passages sous le lit profond des fleuves: Ani, par exemple, dernière capitale de l'Arménie, avait son tunnel 900 ans avant Londres (1). A la vue de ces travaux hydrauliques, on conçoit que de tels ouvriers étaient capables de dompter ces courants d'eau par des arcades de pierre, autrement dit des ponts; et il y en avait assez pour qu'un de nos bardes du moyen-âge voulût jurer par ces ponts de pierre. Cependant ce n'était pas sans peine que l'architecte parvenait à relier les deux rivages des fleuves rapides et torrentiels, témoin la belle expression de Virgile:

Pontem indignatus Araxes.

Vainement Aléxandre et Auguste avaient cherché à dompter ce fleuve. Un autre empereur se crut plus heureux en y jetant un pont, au moins momentanément; et un autre poète courtisan (2) de chanter bien vite:

Patiens Latii jam pontis Araxes.

Mais le fleuve, s'indignant de nouveau contre ces constructions impéria-

(1) La même rivière, l'Akhourian, la moderne Arpa-tchaï, qui passait nonchalamment sur le tunnel d'Ani, un peu plus bas escaladait les remparts naturels de la forteresse d'Érouante. *(Moïse de Khor. II. 39)*.

(2) Stace.

les, les foula sous ses ondes, tandis qu'il se joue doucement sous le grand pont à sept arches dont un pâtre modeste jeta les fondements. Le pont du pâtre (Tchoban-Këoprussu) est proverbial en Arménie et dans les contrées voisines. Laissant les autres, j'en citerai un seul dans le district proprement dit des Vallons (Ձորոփոր), d'une seule arche de pierre, qu'une reine, à la fleur de la jeunesse et déjà veuve, construisit en souvenir de son royal époux, le malheureux Abas, sur un ravin profond, comme symbole de l'union de deux vies et de deux mondes en perspective. Elle y inscrivit en relief, au pied d'une croix, la devise de son amour et de sa foi ardente. Nul patriote ne pourrait traverser ce pont inspiré, si j'ose le dire, sans jeter un coup d'œil mélancolique et sur les ondes rapides qui toujours abandonnent leur fond et toujours le couvrent, et sur cette inscription protégée par le signe de l'espérance chrétienne, et sur ces deux monastères voisins, Haghpade et Sanahine, vrais Saint-Denis et Saint-Paul de l'Arménie du moyen-âge, où reposent plus de 40 têtes couronnées, avec celle de la pieuse Nana, la reine dont je parlais! Heureusement le temps, moins dévastateur que l'homme, nous a conservé intact, à travers 700 ans, ce monument à la fois civil et sacré!... Mais serait-ce une sirène enchanteresse, cachée aux fonds de ces eaux bouillonnantes, qui m'a entraîné si loin de mon sujet? Ah! Messieurs, je ne connais rien de plus fort, de plus attrayant, de plus saint que l'harmonie de la nature avec la religion et les souvenirs de la patrie et de ses douleurs!

Avant de dire adieu à l'hydrographie de l'Arménie, vous avez remarqué sans doute qu'en raison de l'inclinaison du terrain, de la hauteur des montagnes, de l'abondance des torrents et de l'espace, proportionellement restreint de leurs cours, elle devrait avoir des cataractes, des cascades: les noms mêmes de nos fleuves, Araxe, Tigre, Djorokh, en indiquent la rapidité: le premier est fameux par ses chutes grandioses, vers la partie inférieure de son cours, qui est aussi la partie la plus méridionale du vaste empire russe, dont les immenses fleuves mêmes ne présentent pas un spectacle plus magnifique et en même temps plus horrible; car pour frayer un passage à travers ces gouffres et ces énormes quartiers de roche, il a fallu qu'un terrible tremblement de terre renversât toute une montagne nommée *la Grande*, et laissât notre fleuve national se précipiter comme un coursier écumant, affranchi de tout frein. En voyant la lutte opiniâtre de ces blocs avec ce tourbillon d'eau de l'Araxe, le grand Chah-Abas disait à ses suivants: Voilà comment on résiste à l'ennemi: — Oui, Sire, lui répondit-on, quand on a de si forts soutiens, en lui montrant les parois rocailleux qui encaissent en cet endroit la cataracte.

L'Euphrate, patriarche des fleuves bibliques, qui prend sa source à la hauteur de 9000 pieds au mont des Fleurs, à Garine (Érzeroum), n'a pas moins de 300 rapides dans l'espace d'une douzaine de lieues, entre la Grande et la Petite Arménie. Son affluent oriental, l'Aradzani, près du célèbre pèlerinage de S. Jean Baptiste à Mouch, se précipite tout entier par une large cataracte, qui, du bruit de ses chutes, se nomme *Gourgour*. Enfin le Djorokh, fleuve arméno-pontien d'un cours moins long, et plus rapide que les autres, en traversant un lac prend la forme d'une vraie cascade, qui, selon le témoignage d'un naturaliste Allemand, (qui avait parcouru trois parties de la terre et observé ses merveilles), ne saurait être surpassée en beauté grandiose par aucune autre, si ce n'est par la cataracte du Niagara. Voudriez-vous maintenant essayer une navigation sur un tel fleuve? Eh bien! prenez une barque à Artwine, ville limitrophe de Lazistan; vous descendrez le fleuve jusqu'à ses embouchures, à Bathoum, en 6 ou 7 heures; voulez-vous retourner de Bathoum à Artwine, vous remonterez le fleuve en 6 ou 7 jours: vous voyez que la pente de son lit n'est pas médiocre et que son courant l'est moins encore. Il ne faut donc pas compter beaucoup sur la navigation dans les eaux des fleuves de l'Arménie, bien que des bateaux d'une certaine portée sillonnent le Cour et l'Araxe au delà de leur jonction. Cependant le Père de l'histoire grecque nous apprend que, de son temps même, les Arméniens tentaient une navigation à demi-barbare, mais ingénieuse sur l'Euphrate: ils embarquaient les produits de leur pays et de l'étranger, surtout certain vin de palmier, dans des barques rondes dont la carène était de saule et le dehors de peau, et qui pouvaient porter jusqu'à 5000 talents. On les abandonnait au courant du fleuve, et on arrivait à Babylone: le retour se faisait par terre. L'explication est simple: on vendait la partie solide des barques, on chargeait les peaux sur des ânes qu'on avait soin d'embarquer en venant, et on s'en retournait au port, qui certes ne ressemblait guère à Marseille. Je ne sais ce que vous en pensez, Messieurs, mais le naïf Hérodote considérait cette navigation comme la plus grande merveille de la Babylonie, après sa capitale.

II.

Que les eaux se retirent maintenant; abordons le sol; hâtons-nous d'arriver au monde inorganique, et, laissant le tableau compliqué de ses formations géognostiques, nous tâcherons d'en examiner les éléments et les matériaux les plus utiles et les plus remarquables: ce seront d'abord les minéraux terreux et ocreux, connus depuis l'antiquité. Quel minéralogiste n'apprécie pas, en effet, le *Bol d'Arménie*, cette terre roussâtre, qui fait concurrence à la terre sigillée de Lemnos, qu'elle absorbe même à présent dans son nom, et qui a son similaire tout près de nous, sur les deux rives de la Loire, à Blois et à Saumur? Quel peintre ne connaît pas la *Terre d'Arménie*, cet ocre rouge qui entre dans les préparations des peintures à-fresque? Les peintres et les pharmaciens estiment la *Pierre d'Arménie* (Lapis Armenicus), connue dès les jours de Théophraste par sa belle couleur d'azur, qui l'a fait confondre quelquefois avec le lapis-lazuli: elle est parfois onctueuse et d'un roux-foncé. Les peintres romains connaissaient encore l'*Arminium*, certain minium, couleur bleu blanchâtre, qui ornait les parois de leurs villas, et dont ils payaient la livre jusqu'à six francs. Leurs fameux sculpteurs, pour polir le Gladiateur, l'Apollon du Belvédère, préféraient au naxien le *Cotes* arménien, qui servait aussi à polir les perles et les pierres précieuses. Quant à l'autre *Cotes*, c'est-à-dire à la pierre à aiguiser, l'arménien suivait le naxien. Les Grecs connaissaient en Arménie la pierre dure qui, par des agents plus forts que le fer, recevait les gravures des sceaux. Les anciens employaient ancore la *Chrysocolle arménienne* (Chrysocolla Armeniaca) et la mettaient au-dessus de la macédonienne et de la cyprienne: son nom, qui signifie Collante d'or, fait regretter encore davantage sa disparition, car on ne sait plus où trouver cette pierre; mais je crois que c'était une espèce de borate, et la même que les Arabes appelaient du nom de notre pays (بورة ارمنى). Ils en tiraient une autre espèce dite le *Borax Arménien* (بوراق الارمنى) que nos médecins placent dans le district moderne d'Olti (*Taoki*, *Ուխտեցի արջասպ*). Vous voyez, Messieurs, que la terre d'Arménie est trop riche, trop variée en productions analogues, pour que nous puissions en faire le détail; il suffit de dire qu'elle est aussi riche en argiles de toute espèce, en minerais, en alun, connu déjà de Dioscorites, et surtout abondante en sel de tout genre et de toute forme. Les mines de *sel gemme* de Coulp *(Goghpe)* et de Nakhitchévan en Ararat, sont exploitées depuis le temps des fils de Noé; deux des cantons de la Haute-Arménie (pays d'Érzeroum) portent le nom de sel, (*Դարան-աղի*, *Մանան-աղի*) *Taran-aghi*, *Manan-aghi*, et tout le monde connaît leurs salines. D'autres districts des provinces voisines tirent aussi leur nom du sel: (*Մարդ-աղի*, *Աղօրի*, *Աղուից ձոր*, *Աղի-ովիտ*) *Mart-aghi*, *Aghori*, *Aghditzor*, *Aghiovid*; les sources, les ruisseaux, les lacs salés sont nombreux. Indiquent-ils le retrait d'une mer envahissante ou originaire; ou sont-ils des formations antiques ou volcaniques? je laisse la solution aux géologues.

Parmi les minéraux combustibles, le plus connu est le *soufre*; ensuite le *naphte* noir et blanc, le *bitume* ou le *pétrole*; avec lesquels je mentionnerai l'*huile* qui suinte d'une pierre dans une des églises près de Van; fait bien constaté. On a découvert quelques traces de la *Houille* dans les montagnes entre la Haute-Arménie et l'Ararat. Nos anciens géographes indiquent dans l'une de ces montagnes, au S. E. d'Érzeroum, avec le naphte, deux autres productions minérales que nous ne connaissons pas, mais que nous soupçonnons être du genre pyrite. Nous recommandons à nos compatriotes d'explorer ces localités et de nous dire ce que sont le *Zhighgue* (Զիղկ), et le *Salague* (Սալակ). Je laisse aussi à leur soin de préciser la *pierre de Van* (Վանական), prise par le plus grand nombre pour le cristal-de-roche, et par quelques-uns pour le béryl. Quant aux pierres précieuses, nos ancêtres nous signalent celles d'Ararat, sans préciser où on les trouve; d'autres nous indiquent le *jaspe* sur les rives du Thorgom, fleuve qui se jetait dans la mer Caspienne. Moïse nous parle de l'*onyx* et du *bdellion* dans la terre édenique de Hévilath, aux bords du Phison, que nous croyons le Djorokh, et Hévilath, le Khaghdik de nos ancêtres, la Chalybes des classiques grecs. N'oublions pas non plus les belles et rondes *perles* minérales des ruisseaux de Diadine près des sources de l'Aradzani. — Quant aux pierres plus communes, les montagnes de l'Arménie en sont des mines inépuisables: le Grand-Ararat lui-même n'est qu'un monolithe de porphyre noir couvert d'une cape blanche bien autrement grandiose par sa taille de cinq kilomètres perpendiculaires, que le fameux obélisque taillé dans nos montagnes mêmes par Sémiramis, et érigé au centre de la métropole de l'Asie, comme une des sept merveilles de l'antiquité. Voulez-vous, Messieurs, voir quelques échantillons de ces pierres? vous n'avez qu'à visiter le rez-de-chaussée du Louvre; vous admirerez ces sculptures étonnantes, revêtues de caractères plus étonnants encore. Babylone et Ninive sont bâties et enrichies, en grande partie, des dépouilles naturelles de notre pays, qui certes n'était pas lui-même dépourvu de tels monuments. S'il a subi beaucoup plus de ravages que les autres, il conserve néanmoins des pierres monumentales cunéiformes, jusqu'au sommet de montagnes de 3000 mètres de hauteur.

Sans entrer dans le détail un peu fastidieux des productions de nos carrières, je dirai que les pierres dominantes du sol arménien sont le porphyre et le basalte. Ce dernier forme, dans le vallon de Karni, non loin du lac de Sévan, des colonnes de 100 mètres de hauteur, qui présentent un aspect véritablement sublime, et digne de la grande âme du roi-géant Dertad, qui éleva au haut d'une pointe avancée sur des précipices et des abîmes, un somptueux belvéder pour Mademoiselle d'Arménie, sa sœur bien-aimée ; après treize siècles, un tremblement de terre renversa le monument ; mais ses restes presque intacts nous témoignent encore que c'était le dernier monument classique de la Grèce et de Rome. Tout près de ces monuments de la nature et de l'art, il y en a un autre qui réunit en lui, outre les produits de ces deux forces admirables, celle de la religion : c'est une église, ou plutôt sept églises et cryptes tailleés et superposées dans le roc vif ; et c'est dans ces solitudes reculées que la lance hardie qui ouvrit le côté de notre Sauveur, se cacha pendant plusieurs siècles. — Le marbre, l'*albâtre*, le *cristal-de-roche*, sont connus en Arménie, bien qu'en quelques endroits seulement. Mais la plus grande variété de ses pierres provient des productions volcaniques, qui ont servi à bâtir les milliers d'églises d'Ararat, dont quelques centaines restent encore en totalité ou en partie debout depuis 10 et 13 siècles. Le temps a plutôt durci que rongé ces pierres jaunes, noires, grises, etc.

Presque tous les monuments d'Ani, et de ses environs, sont entièrement construits de cette matière ; il y a telle église qui n'a pas reçu une poignée de chaux, bien que des montagnes calcaires puissent lui prodiguer le mortier : on se servait de crochets de fer ou de lames de plomb pour accoler les pierres, et quelquefois on négligeait même ces moyens de consolidation. Ces sortes de pierres nous rappellent naturellement leur origine, ces terribles titans, qui, déchirant les flancs de la terre, se dressèrent en montagnes fumantes. Je parle des Volcans éteints, dont les restes sont encore avec les eaux minérales, les types les plus caractéristiques du sol de notre pays : et je ne sais pas s'il y en a un autre qui soit également labouré par ces forces plutoniques, qui lui ont imprimé des formes aussi grandioses que terribles. Les volcans éteints des Dômes près de nous, en Auvergne, ne sont que des pygmées à côté de ces géants de 3-à-4000 mètres, qui, bien qu'éteints aussi, gardent néanmoins toutes les apparences d'une force plutôt évanouie qu'anéantie, et toutes les traces de leurs ravages, qui ne sont pas d'une date très-ancienne. Il y a encore ici un grand contraste dans la destinée de notre pays : historiquement, c'est la terre la plus antique, la terre originaire de l'homme ; géologiquement, elle semble des plus modernes formations ; du moins elle a subi des révolutions récentes : plusieurs de ses éruptions sont postérieures aux temps historiques ; il y en a même qui ne datent peut-être que de 1500 à 2000 ans ; tant on voit clairement les torrents bigarrés de laves, comme d'immenses serpents entortillés autour des cratères béants et des soubassements de ces colosses d'où ils ont jailli. Leurs écailles mêmes, si on me permet cette expression, n'ont rien perdu de leur ancien éclat; la mousse n'a pas encore envahi leur surface. On connaissait par tradition aux siècles de nos pères, le renversement de la montagne Grande, la déchirure de trois kilomètres de profondeur des flancs du Grand-Ararat. Ce gouffre a charmé par ses sublimes horreurs, non seulement les poètes nationaux, mais encore les Byron et les Soumet; car les yeux de ces fils d'Apollon, plus pénétrants que ceux des géologues, y voyaient encore des bouillonnements intérieurs, qui se manifestèrent en 1840, ébranlant toute la plaine d'Ararat, lançant des flots de fumée noire, de la boue, des pierres et de l'eau. L'ange du Sommeil avait alors, sans doute, quitté le sommet sacré où l'Homère des prosateurs, le chantre des *Martyrs*, l'avait naïvement placé. La dernière éruption d'une des montagnes à l'O. du lac de Van, est mentionnée l'an 1441: le Sipan qui s'élève en cône superbe au N. du même lac, à une hauteur peut-être supérieure à 4000 mètres, répand encore des exhalaisons sulfuriques. Varak, à l'E., n'est pas étranger à ces formations plutoniques; le sud du lac n'est pas encore noté des mêmes signes par les voyageurs, mais un saint solitaire, qui vivait dans ces parages au commencement du XIème siècle, Grégoire de Narégue, ce Saint-Bernard de l'Arménie, dans un de ses hymnes, paraît faire une vague allusion à quelque éruption volcanique. Déjà au commencement de l'ère chrétienne, nos ancêtres adoraient dans une de ces montagnes « le feu dévorant et insatiable, qui roulait des pierres à la source de la fontaine jaillissant plus bas »(1). Le feu peut-être, à cause de son éclat, était la sœur; et la source, le frère! On sait d'ailleurs que les eaux de ce lac sont plus amères que salées; celles de ses bords surtout sont tellement saturées de nitre, qu'elles servent au blanchissage du linge. Quant au lac de Sévan, il n'y a aucun doute sur sa formation et son soulèvement volcanique: on le dirait le plus vaste des cratères, entouré de pics et de cônes, dont plus d'une douzaine portent leur cratère particulier, vide ou rempli d'eau. Derrière eux à l'O., s'élève l'imposante Aracadze (Alaguëz des modernes), tout-à-fait isolée, la plus large des montagnes de l'Arménie, et la plus haute après le Massis, avec lequel elle forme, selon la belle idée du grand géographe Ritter, les piles d'une porte, par laquelle passent toutes les caravanes qui, des bords du Gange vont jusqu'au Pont et au Caucase. Le sommet de l'Aracadze est crevassé et hérissé de quatre pics, qui s'élèvent comme des vedettes autour de son cratère, portant dans leurs flancs du soufre brillant. J'incline à croire qu'on voyait encore, aux premiers

(1) Moïse de Khorène.

siècles de notre ère, la fumée s'échapper de ses crevasses, car des écrivains crédules du XIV.ème siècle nous racontent qu'il y a dans le creux de la montagne une caverne où notre Illuminateur a formé une chapelle et suspendu une lampe ardente qui ne s'éteindra qu'à la fin du monde. Un voyageur Prussien, traversant récemment l'Arménie du nord au sud, a observé pendant trois nuits de suite certaines lueurs sur des montagnes d'Ararat. Les naturels du pays les considéraient comme un signe infaillible de tremblement de terre dans la Persarménie. En effet, le tremblement eut bientôt lieu à Tabrize. Vous savez, Messieurs, que la contrée dont cette ville est la capitale, a porté de tout temps le nom d'Aderbydjan, c'est-à-dire place ou récipient du feu; elle a, entre autres, le pic volcanique de Savalan, qui est à peu près aussi haut que le Mont-Blanc. Combien devait être terrible et sublime le spectacle de l'Arménie, quelque mille ans auparavant, quand, sillonnée par des mers intérieures, elle faisait éclater comme des phares de la nature, de ces centaines de colosses volcaniques dressés sur le plateau le plus élevé de l'Asie antérieure, des flammes impétueuses sur des peuples naissants, qui dirigeaient leurs pas incertains vers des contrées inconnues!

Passons maintenant de ces formes rugueuses au sein même qu'elles recouvrent: mais rassurez-vous, Messieurs, je ne veux pas découvrir à vos yeux par des coups du trident de Neptune les sombres secrets de Pluton: je ne veux, ni ne puis vous dévoiler tout ce que la nature a caché dans ses entrailles, d'où le tire le savant laborieux, qui, avec autant de patience que d'industrie puise, par le moyen d'un tube, dans les abîmes ténébreux, l'eau précieuse pour l'usage d'une grande ville, telle que Paris. Je vous indiquerai quelque chose des produits métalliques de l'Arménie, et vous y reconnaîtrez un nouveau type frappant. Commençons par le métal le plus précieux. C'est un fait singulier qu'il est le premier mentionné entre tous dans le premier livre du monde: la Bible indique l'excellent *or* de Hévilath aux bords du Phison, premier fleuve d'Éden, que nous reconnaissons dans le Djorokh, et la terre qu'il entoure dans le Khaghdik de nos auteurs, le Chalybes des Grecs: et si l'on n'y trouve plus d'or aujourd'hui, ne vous en étonnez pas; car entre l'époque où écrivait Moïse et la nôtre, il n'y a pas moins de 3400 ans: mais il vous souvient sans doute des Argonautes qui, 3 ou 4 siècles après Moïse, vinrent chercher dans ces parages la Toison d'or, que je tiens pour les mines d'or; il vous souvient aussi qu'après quelques siècles, le Père des poètes nous y représente les Alisons d'Alybe, pays riche en argent, selon lui, où des auteurs plus modernes reconnaissent les Arméno-khalybes et les Chalybes; et ce dernier mot signifie en grec la mine et ses employés. Les mines d'argent y sont exploitées aujourd'hui encore à Gumuchkhané *(Mines-d'argent)*, et à Ispir, notre Sber, la Syspiratis de Strabon. Ce dernier endroit, entouré par le Djorokh ou Phison, avait encore ses mines d'or au temps d'Alexandre-le-Grand qui voulut y envoyer des explorateurs, malheureusement assaillis et tués par les gens du pays. Même au VI.ème siècle de notre ère, la mine d'or de Pharange, dans les environs, suscitait une grande jalousie entre les Sassanides et les Byzantins. Un voyageur du XVII.ème siècle, nous assure qu'on travaillait aux mines d'or de Sber, même sous la domination ottomane, et qu'on les abandonna par suite des dégâts occasionnés par l'eau. De nos jours, en 1850, quelques géologues constatèrent la ressemblance de la conformation des montagnes de Garine avec celle de l'Altaï, et sans se douter de leurs richesses cachées, passèrent outre. Il ne faut pas omettre ici qu'un des principaux villages de Garine porte le nom d'Argent (Արծաթի). Nos historiens du V.ème siècle parlent des mines d'or de l'Ararat, sans en préciser la situation. L'Arménie du N. E., baignée par le Cour, a donné, dans des mines et des rivières, des échantillons d'or constatés par les employés russes. Plusieurs noms géographiques de ces contrées prouvent l'existence de l'or. Les mines de l'Arménie occidentale ont établi le même fait : à Arghana *(Argueni)*, par exemple, on extrayait aussi de l'or au commencement du dernier siècle, lors du passage du voyageur Otter. — Aux mines d'argent que nous venons de citer en passant, ajoutons celles d'Aderbydjan et de Kurdistan, qui ne sont pas bien exploitées. Sous le khalifat de Mahadi (775-785), on a découvert des montagnes d'argent pur en Arménie, selon le témoignage d'un historien contemporain, qui n'indique pas le lieu précis. — Les mines de *Cuivre* sont assez abondantes, surtout dans la province de Koukark, le pays originaire de Gog et Magog, sur le haut Cour; des montagnes entières portent le nom de *Mines-de-Cuivre*, et y sont toujours exploitées; on en trouve aussi dans le Karabagh, à Arghana, à Sber, et au canton de Mogk, au S. du lac de Van. — Le *Fer* est plus abondant encore et plus varié, surtout dans l'Arménie méridionale: au bord du lac précité, il y a les montagnes de *Mines-de-fer* et *de-Plomb*. Outre ce dernier métal, l'Arménie produit ou a produit le *Zinc*, l'*Arsénic*, l'*Orpiment*, l'*Étain*, etc., etc.

III.

Revenons maintenant à la surface de notre pays et à son règne organique. D'après sa configuration et son climat, que nous venons d'étudier, l'Arménie ne devrait pas avoir une végétation très-développée, surtout dans le genre des plantes touffues et de haute taille. Le voyageur qui fait le trajet entre le Pont et la Perse, ne voit presque nulle part sur son chemin aucun bois considérable, aucun arbre élevé, mais seulement des broussailles, des arbrisseaux, et quelques rares bosquets. Passène, la plus vaste des plaines d'Ararat, où l'Araxe fait ses premiers pas, porte le titre de *Sans-Bois* (Անփայտ Բասեան). Dépourvus de cet élément indispensable dans le ménage, les habitants du pays n'ont que la fiente de leurs bestiaux, pour l'usage du foyer, qui d'ailleurs, avec le reste de leur habitation, est caché à moitié dans les flancs d'une colline ou d'un tertre ondulé, et à moitié sous le sol. La description de ces demeures souterraines, que nous donne Xénophon, se vérifie littéralement après 23 siècles. Mais, à vrai dire, cette rareté accuse moins la nature que l'insouciance des habitants ; car le même auteur grec, et Quinte-Curce, ainsi que d'autres écrivains anciens, nous parlent de montagnes et de coteaux boisés, même dans la belle vallée de l'Araxe, les *Araxeni Campi* des Romains, qui ne trouvaient pas de terrain mieux cultivé dans toute l'Asie : tant la culture, au temps de nos pères, pouvait corriger les rudesses de la nature, si cette belle fille du Créateur en avait quelques-unes ! Aujourd'hui encore, l'Arménie ne manque pas de bois : tout près de cette Passène déboisée, les montagnes de Soghanlou, sur une longueur de 20 à 25 lieues, sont couvertes de différentes espèces de pins, de sapins et de bouleaux, dont non seulement les habitants du voisinage, mais les gouvernements turc et russe profitent pour les fortifications des boulevards avancés de leurs empires en Arménie ; car depuis le IV.ème siècle, notre pays a eu toujours la triste destinée de servir de frontière, de champ de bataille ou de proie à deux conquérants antagonistes. C'est de ces montagnes que le fils de Houlaghou tirait les matériaux de son château d'Aladagh. A l'Ouest de Soghanlou, sont les montagnes boisées de Dayk, le pays de Taoki, dont les habitants attaquèrent les dix mille Grecs conduits par l'ami de Socrate ; à l'Est, nos anciennes provinces de Sissagan et d'Artzakh, couvertes de broussailles et de bosquets qui leur ont valu le nom actuel de *Karabaghe*, c'est-à-dire *Jardin-noir*. La partie méridionale de notre pays, comprise dans la vallée du Tigre et dans le bassin du Van, surtout le Sud et l'Ouest de ce dernier, est tellement boisée, que nos ancêtres nommaient *Pays-du-Bois* (Փայտի Աշխարհ), la contrée montagneuse qui forme la ligne de partage des eaux du Tigre et du Van. Des voyageurs y découvrirent récemment différentes espèces de chênes, inconnues jusqu'ici à l'Europe. De ces bois nous viennent les meilleures *noix de galle* et l'excellente *gomme adragante* nommée là-bas *miel d'air ;* d'où la province de Daron, actuellement Mouche, prend l'épithète de Mellifère. Les monts Ararat portent des touffes de genièvres jusqu'à une hauteur absolue de 2600 mètres, et des bouleaux un peu plus haut; des arbustes s'élèvent plus haut encore, tandis qu'en Europe, sous quelque latitude que ce soit, tout bois cesse de végéter à ces hauteurs. La province Koukark *(Gogarène)*, la plus boréale de notre pays, est plus boisée et plus riche en végétation, grâce à sa situation encaissée dans la belle vallée du Cour: des hêtres gigantesques, rouges et blancs, y croissent à côté des chênes, des frênes, des ormes, des érables et des sapins. Le buis y était connu de notre géographe classique du V.ème siècle. Cet auteur (Moïse de Khorène), mentionne les magnifiques platanes d'Armavir, la vieille capitale d'Ararat: le murmure de leur feuillage servait de présage à nos pères. On a cru, de nos jours, en déterrer des troncs énormes dans des endroits jadis côtoyés par l'Araxe, qui plus variable que le temps, a changé son cours et s'est bien éloigné, après 40 siècles, de la demeure des fils de Haygh. Un individu encore existant de cette espèce de platanes, ombrage la moitié d'une place à Ordubad, ville située près des cataractes de l'Araxe, et sa tige n'a pas moins de 10 mètres de circonférence, à deux mètres au-dessus du sol. On pourrait dire que le platane d'orient est originaire de l'Arménie, et on sait qu'il fut introduit en Occident par les Romains.

A propos de ces guerriers, c'est ici qu'il faut remarquer qu'une de leurs meilleures conquêtes fut l'importation des produits exotiques. L'Arménie leur donna, entre autres, l'abricotier, qui porte en Italie son nom, *Armeniaca*, (en latin *Malus Armeniaca*). Ce beau fruit paraît celui que Pline classe parmi les prunes, en le préférant, pour son odeur, à toutes les autres de la même espèce. — Que dirons-nous de la *Pomme* arménienne, si renommée chez les Arabes? Un de leurs poëtes ne trouve rien d'aussi ressemblant à l'aurore, qu'une jeune fille tenant entre ses dents une pomme d'Arménie. En général, les fruits succulents abondent dans notre pays: on en trouve de toute espèce, la figue et l'olive exceptées; encore ces derniers ne sont-ils pas tout-à-fait inconnus dans quelques localités basses ou méridionales. — Et l'arbre qui donne l'ambroisie aux mortels, la *vigne*, réussit en Arménie mieux qu'on ne le croit généralement: en effet, comme la ligne de végétation est assez élevée, ce pays produit une bonne qualité de raisin, qui d'ailleurs fut sa première plantation après le déluge. La vallée de l'Araxe a de bonnes vignes, et le vin d'Érivan, couleur d'orange, doux et balsamique, a une réputation égale aux meilleurs vins d'Espagne, de Hongrie et de Bourgogne. Je ne conseille pas aux initiés de se régaler trop généreusement des vins de Gantzague *(Ghéndjé)*, car, bien que liquoreux, ils sont très-forts et très-capiteux. Quant à ceux de Karabagh, ils sont doux et presque huileux. A Agori, sur la montagne de l'Arche, on cultivait, à une hauteur absolue de 4000 pieds, depuis un temps immémorial, quelques ceps de vigne, en mémoire de Noé. Un mamelon de la montagne et un petit ruisseau portaient anciennement les noms de *Côte-du-Vin* (*Գինւոյ բլուր*) et *Ruisseau-du-Vin* (*Գինեգոյն գետ*). Le bassin de Van produit encore, à une hauteur de plus de 1700 mètres, des raisins à longues grappes, moins succulents que ceux de l'Ararat. Le plateau de Garine, vû son extrême hauteur, n'a ni vigne, ni fruits; il y supplée par les produits abondants du district de Thorthoum, dans la vallée de Djorokh: en revanche, il produit des céréales de première qualité, qui manquent au plateau plus élevé de Sévan. Le *froment*, en général, est bon; il y en a des espèces à grains très-gros, qui produisent une pâte très-élastique. Les autres genres de *blés* sont aussi abondants que bons. — Quant aux *légumes* et aux plantes potagères, aucun pays peut-être n'en a de meilleurs et de plus variés: on en compte près de 300 espèces avec des noms originaires. — La Flore arménienne, peu soucieuse de jardins et de serres, se plaît dans des sites sauvages: sa végétation alpine ne peut manquer d'attirer l'attention des botanistes. La hauteur absolue de la végétation en Arménie est au-dessus de 4000 mètres: c'est celle du Grand-Ararat, qui, à un étage plus haut encore, porte l'*Aster pulchellus*, l'*Arenaria Curva*, l'*Astragalus mollis*, la *Campanula saxatilis*, etc. Le célèbre Piton de Tournefort, qui voyageait en Arménie au commencement du siècle dernier, n'hésitait pas à retrouver les traces de l'Éden à Garine et à Etchmiadzine; tant il était émerveillé de la richesse et de la beauté de la végétation de ces contrées. Les botanistes et touristes modernes, moins enthousiastes, n'en sont cependant pas mécontents. Parmi les fleurs singulières, je ne sais à quel genre appartient le *Sang-des-Fontaines*, comme la nomment les indigènes, charmante fleur de la forme d'une petite rose double, d'un rouge foncé si éclatant, que des témoins oculaires ne trouvent pas son égal. Un de nos troubadours du moyen âge se tire peut-être mieux d'embarras en la comparant à sa bien-aimée: «Oh! mon Sang-des-Fontaines, toi qui pousses parmi les rochers, tes yeux sont semblables au narcisse; l'un sommeille, l'autre veille» (1). Comme son nom et le poète l'indiquent,

(1) *Ա՜յ իմ աղբերայ արուն,*
Որ բուսար մէջ քարերուն,
Աչուիդ ի նարկիզ նըման,
Մէկն ի քուն ու մէկն արթուն :

cette fleur se trouve ordinairement aux bords des sources, dans les fentes des rochers : elle serait digne de figurer dans les métamorphoses d'Ovide. — Il ne faut pas oublier les herbes et les plantes *médicinales* que l'Arménie fournit et fournissait encore plus abondamment jadis à la thérapeutique ; presque tous les noms des plantes mentionnées par Gallien et Avicenne dans leurs ouvrages traduits en arménien, ont leurs équivalents dans notre langue ; et cela prouve qu'elles étaient bien connues dans le pays. Nous indiquerons aux amateurs la *Mandragore* et la *Bétoine* (փենունա) auxquelles les sectateurs de l'Esculape arménien attribuent des propriétés et des formes fabuleuses. N'oublions pas non plus la fameuse *Hamasbram* (Համասպրամ) ou *Hamaspure* (Համասփիւռ) dont la tige se divise, dit-on, en 12 branches ; ses fleurs variées sont embellies des couleurs les plus éclatantes ; elle aime à se cacher aux flancs des montagnes rocailleuses, et elle se montre à une époque précise. Ses vertus sont nombreuses ; elle donne même la clairvoyance ; et un auteur nous assure naïvement qu'il en a fait l'expérience, qu'il a trouvé le mal ; et il félicite celui qui, plus heureux, pourra trouver le bien. Les Romains tiraient de la Perse et de l'Arménie, avec une grande avidité, la plante qu'ils nommaient *Laserpitium*, et qu'ils payaient au poids de l'or. Était-ce la plante de l'*assa foetida* ou l'excellente *rhubarbe*, ou toute autre plante ? nous ne saurions le dire exactement. — Parmi nos plantes renommées et mal définies, nous recommanderons à nos compatriotes la *noix arménienne*, dont la récolte en Egypte était fixée, dans le calendrier des Coptes, au mois de juin. Elle ressemblait au fruit de l'olivier. — Le dernier ordre naturel des plantes, celui des graminées, est encore remarquable par ces immenses pâturages, qui nourrissent chaque année des millions d'individus de l'espèce ovine, expédiés au midi et à l'occident jusqu'à Constantinople. Ces prairies, ces pâturages attirent dans notre pays, depuis des milliers d'années, nombre de pâtres des contrées d'alentour, et des nomades d'une assez grande distance. Nous classerons parmi les herbes une espèce de *Pimprenelle arménienne* ou plutôt le *Dactylis littoralis*, qui nourrit la meilleure cochenille du monde et la plus anciennement connue pour son beau carmin, spécialement réservée pour la teinture des ornements et la rédaction des édits royaux : Dioscorite en fait mention. Pendant leur domination, les Arabes l'introduisirent en Europe : les Russes en profitent maintenant, et les bulles des pontifes d'Etchmiadzin sont écrites avec ce produit singulier de l'Ararat, qui n'a son égal en Europe que dans la Pologne, et en Amérique, que dans le Mexique. Toute autre espèce de cochenille (et il y en a plus de 50) n'a que peu de valeur.

IV.

Si maintenant ce petit insecte nous conduit du règne végétal au règne animal, et d'abord à l'ordre de ses similaires, nous trouverons naturellement dans notre pays quelques nouvelles espèces d'insectes, et surtout un grand nombre de Coléoptères. Un voyageur allemand (1) en a recueilli des milliers, qu'il a distribués à différents cabinets d'histoire naturelle de son pays. Un de ses compatriotes (2) a signalé dans la partie orientale de l'Arménie, une espèce de *cigale* très-grande, qui pourrait par son ramage rivaliser avec les hautbois de Théocrite. La reine de cet ordre zoologique, *l'abeille*, exerce, surtout dans les provinces d'Ararat et dans le midi, son admirable industrie, qui figure dans la liste des exportations de notre pays. La culture du ver-à-soie n'est pas d'ancienne date chez nous : elle réussit assez bien dans les provinces voisines de la mer Caspienne.

Un ordre plus élevé d'animaux, celui des Poissons, mérite notre attention, malgré le peu de développement ou l'absence presque totale des côtes du pays. Le *saumon* de la taille d'un homme remonte des bords caspiens, le Cour et l'Araxe, avec une telle abondance, qu'on recueille seulement les œufs pour préparer d'excellent *caviar*. Le poisson le plus répandu en Arménie est la *truite*, qui pullule dans toutes les rivières et dans les sources mêmes de l'Euphrate, à 9000 pieds de hauteur. L'Araxe nourrit le *Djanar*, poisson très-long, et le gros *Lok (Siluris glanis)*, qui dans l'Euphrate et dans le Mourad surtout atteint des proportions gigantesques, et n'est connu que comme un cétacé. On croit en trouver aussi dans le petit lac d'Artchague, extrêmement poissonneux. Tout près de celui-ci se voit le grand lac salé de Van, le plus considérable de toute l'Asie Antérieure ; aussi le nomme-t-on *la Mer d'Aghthamar*, du nom d'une de ses îles. Tout étendu qu'il est, il n'a qu'une seule espèce d'habitants, un petit poisson nommé *Darékhe* (Տառեխ), aliment précieux, objet d'un commerce très-important : salé et séché, il est expédié dans les provinces, en Kourdistan et en Perse (3). La mer douce ou le lac de Sévan, plus petit que celui de Van, et plus haut (6500′), nourrit douze espèces de poissons, selon l'opinion de ses riverains : un autre lac au pied de la chaîne d'Ararat, l'ancien étang de

(1) M. Wagner.
(2) M. Colenati.
(3) Un Helléniste nous a remarqué qu'en grec le nom de notre poisson, τάριχος, signifie le poisson salé, (et quelquefois d'autres salaisons).

Gok, qui porte maintenant le nom de Lac-à-Poissons *(Balek-ghïol)*, produit un revenu annuel d'un million: c'est pourquoi il a été, il n'y a pas longtemps, un objet de litige entre les empires russe et ottoman. Laissant aux ichthyophiles à chercher dans les rivières de l'Arménie ce poisson noir, dont parle le vieux Ctésias, et qui avait une saveur mortelle, je voudrais que nos touristes jetassent un coup d'œil sur l'ensemble de ces eaux qui forment les petits et les grands lacs de l'Arménie, et donnent à sa configuration un aspect tout particulier. Non loin de la mer d'Aghthamar, il faut voir celle d'*Urmia*, plus longue et peut-être plus étendue encore. La *mer du Nord* (*Ծովակ Հիւսիսոյ*), nommée actuellement *lac de Tchelder*, au N. O., forme, avec les trois grands lacs dont je viens de parler, un rhombe sur la surface de notre pays, et forme le centre d'une douzaine de lacs plus petits. Au S. O., outre le beau lac de *Ghïoldjik*, il y en a une quantité sur les montagnes appelées pour ce motif *Bine-Ghïol* (Les Mille-lacs). La superficie d'une quarantaine de lacs de l'Arménie pourrait nous donner un total d'environ 10000 hectares. Les bords de la plupart de ces lacs, moins pourvus de verdure, offrent des sites plus variés et plus grandioses que ceux de la Suisse.

Mais le spectacle le plus beau et le plus animé qu'ils nous présentent, ce sont leurs habitants ailés. Aucun pays du monde, que je sache, n'a peut-être une quantité et une variété si grande d'oiseaux aquatiques que les lacs et les marais de l'Arménie: le plus connu parmi ces derniers est celui de Garine. Les oeufs de ses volatiles suffisaient à la nourriture des habitants de cette localité, selon le témoignage de notre grand historien. C'est une exagération un peu forte, n'est-ce pas, Messieurs? Mais que diriez-vous du témoignage de ces sportmen anglais attachés au consulat ou à des factories, et qui nous assurent que, dans la belle saison, les bords du marais, jusqu'à une grande distance, sont presque littéralement couverts de bandes de volatiles, qui arrêteraient une course équestre? on a compté dans cette plaine plus de 200 espèces d'oiseaux, la plupart aquatiques. Presque les trois quarts des genres de l'ornithologie sont représentés en Arménie, surtout ceux des Échassiers, des Palmipèdes, des Passeraux et des Oiseaux de proie. Parmi ces derniers, il faut noter le *grand vautour des agneaux*, et les *faucons* de Sber *(Ispir)* et d'Ararat, si adroits à saisir au vol leurs semblables: élevés dans cet art, ils sont payés jusqu'à 200 francs. Parmi les oiseaux de chasse, la grosse *perdrix*, semblable à celle des Indes, et d'autres variétés de la même espèce; la *bécasse*, la *bécassine*, l'*outarde*, le *francolin*, le *faisan* ordinaire, la *caille* et le *râle*: parmi les aquatiques, plusieurs variétés d'*oies* et de *canards sauvages*, de *cygnes*, de *pélicans*, de *harles* et de *morillons*, l'*ibis noir* ou *vert*, outre les deux pèlerins bien connus, la *grue* et la *cigogne*, qui sont aussi en Arménie l'objet d'une vénération particulière. Nos anciens rois, outre le grand veneur, avaient l'intendant de la chasse aux oiseaux; plusieurs familles ou dynasties princières empruntèrent leurs noms à ces oiseaux, tels que l'aigle, le faucon, le cygne, le pigeon, la grue, etc., et ils les portaient vivants ou en effigies dans les fêtes nationales, dont l'origine remonte sans doute à une antiquité très-reculée, et peut-être jusqu'au déluge. Cette grande catastrophe n'a laissé en aucun pays de traces aussi sensibles dans la configuration du terrain, aussi bien que dans les souvenirs historiques ; et quelques-unes de ces habitations liquides que nous venons de voir, ne recèlent-elles pas des restes de cette grande inondation, qui a modifié sensiblement l'économie de notre globe? Les alluvions de la plaine inférieure du Cour, les terrains sédimentaires de la vallée de l'Araxe, ne nous montrent-ils pas clairement qu'ils subissaient, à une époque géologiquement peu éloignée, la domination des Néréïdes? et le reste de leurs coquillages fossiles, qui ont leurs représentants vivants dans la mer Caspienne, ne prouvent-ils pas suffisamment que jadis une mer tendait ses bras onduleux à une autre mer par-dessus le pays qui fut ensuite le berceau de l'homme et la patrie de l'Arménien? Messieurs, je ne suis ni géologue ni aruspice, mais je persiste à croire que tant d'animaux peuplant l'air, l'eau et la terre, répandus sur les hauts bassins de notre pays, ne servent pas uniquement à une démonstration scientifique ; ils me transportent au théâtre même de la création et du déluge !

Passons maintenant à une autre race animale. La Faune de l'Arménie n'est pas aussi riche que la race précédente: la climatologie en donne la cause; cependant, à une époque comparativement moderne, on y voyait encore des bêtes fauves des plus terribles. Qui ne connaît le charmant vers de Virgile? (1)

Daphnis et Armenias curru subjungere tigres
Instituit.

et celui de votre ancien évêque de Clermont (2) :

Aut ut tigriferi pharetrata per arva Niphates!

Tournefort a vu des *tigres* dans les fissures de l'Ararat. Le roi des animaux, le *lion*, est mentionné aussi par Aetius (3), et par nos auteurs

(1) Églog. V.
(2) Sidoine. Chant. 2.
(3) Aetius, Hist. Animal. XVII.

dès IV.ème et V.ème siècles, et même par un autre qui vivait au commencement du X.ème. Le *léopard* et la *panthère* y sont connus même de nos jours. Nous ne parlerons pas des autres bêtes plus communes, ni de celles qui attaquent les autres, des *chiens*, quoiqu'on en trouve de très-grands et de très-forts ; seulement je ne saurais passer sous silence le *chat* à longs poils de Van, qui ne le cède en rien à celui d'Angora, et la blanche *hermine* à queue noire, l'*Armenios* des latins, qui manifeste par son nom, son pays originaire, d'où on l'a introduite en Europe.

Les animaux domestiques, heureusement, sont très-nombreux en Arménie ; nous avons déjà mentionné l'abondance de l'espèce ovine ; dans l'espèce bovine, le *buffle* paraît originaire du pays ; car sa femelle se nomme proprement en notre langue *madague* (մատակ), nom qui désigne la femelle de toute la race des bêtes. — Le gibier est aussi très-remarquable, surtout par son abondance : ainsi, de toute antiquité, les rois et les nobles des pays voisins passaient quelque temps en Arménie pour s'y livrer au plaisir de la chasse. Nous avons différentes espèces d'antilopes, de cerfs et de daims, que regrettait même au lit de la mort, Ardachès, un de nos rois païens : « Ah ! qui me donnera, disait-il en soupirant, » la fumée du foyer et la matinée du navasarte ! (1) Puissé-je voir encore » les bonds de la biche et entendre le glapissement du cerf ! Puissions- » nous encore sonner nos cors et battre nos tambours. » Citons le *sanglier*, qui dévaste encore aujourd'hui les rizières du Tatar au pied de l'Ararat, et l'*onagre* rapide, qui, poursuivi par Ardavaste, fils d'Ardachès, l'attira jusqu'au fond de la gorge de cette montagne classique, où, entraîné par des Génies, ce roi infortuné, selon la tradition, se débat encore dans ses chaînes de fer, incessamment léchées par ses lévriers fidèles. Un moment encore, et on verrait le roi courroucé s'élancer de ces cavernes ténébreuses pour hâter la fin du monde, si les coups redoublés du marteau des forgerons, ne venaient river et resserrer ses chaînes !

Les bêtes de somme de notre pays sont célébrées par un des prophètes dans ses imprécations contre Tyr (2): « L'Arménie t'envoie des mules, des chevaux et des cavaliers ». Ézéchiel n'y ajoute pas le nom d'un autre animal moins grand, moins présomptueux, non moins utile, surtout dans des pays montagneux. Trois districts de la province de Mogk portent le nom de l'*âne*. L'autre animal, demi-artificiel, le *mulet*, était naturellement plus recherché. On réservait le mulet blanc pour les sacrifices au soleil, et le service des rois ; on s'en servait même pour leurs

(1) Le premier mois du calendrier arménien (11 août=9 septembre), et les fêtes du nouvel an.

(2) Ézéch. XXIII. 14.

convois : le char qui portait le cercueil doré du grand roi Dertade était traîné par des mulets blancs. Le blanc, couleur par excellence, devait briller même à la mort de nos rois : la ville où nous sommes, Messieurs, a assisté à la dernière de ces pompes funèbres : Paris a vu mourir en 1393, le dernier roi arménien, Léon VI ; son lit de parade était de satin blanc ; ses domestiques portaient la même couleur, en le conduisant aux caveaux des Célestins.

Voilà maintenant le roi de cette famille des animaux, qu'un de vos plus éloquents naturalistes, Messieurs, a signalé comme « la plus belle conquête de l'homme » ! et que chez nous, l'auteur de l'art rural nomme « le siége des rois, le rempart des cavaliers, le terrasseur des ennemis, » le port des voyageurs, celui qui chasse loin les provinces, fait retentir » les villes et recule les confins ». Mais quel est le premier brave qui a fait cette noble conquête ? Je n'interrogerai pas Job : « Est-ce toi qui as » hérissé son cou d'une crinière mouvante ? » mais je demanderai, non sans quelque peu de fierté : qui, le premier, a pu faire mordre le frein à cet animal tour-à-tour volcan vomissant et compagnon caressant : quel heureux mortel a subjugué le cheval ? Notre histoire, nommez-la tradition, nommez-la mythe, nommez-la comme vous voudrez, cependant notre histoire dit que dans la première campagne du monde, après la confusion des langues, le père et le chef de notre nation, Haygh, se servait aussi de cavalerie contre l'armée de Bel, qui, de son côté, vaincu et tué, laissa au pouvoir du vainqueur des troupeaux de chevaux, de mules et de chameaux. Le cheval a été, il est encore, une des meilleures productions de l'Arménie, et l'instrument de sa gloire. La force de l'armée nationale était dans sa cavalerie : Aram, le plus renommé des descendants de Haygh, contemporain de Ninus, disposait de deux mille cavaliers à côté de 40,000 fantassins. Le temps a changé la proportion : douze ou quatorze siècles plus tard, l'Arménie pouvait, comme nous l'avons vu, par le témoignage d'Ézéchiel, après s'en être servie pour elle-même, pourvoir les marchés de Tyr de ses chevaux et de ses cavaliers si renommés dans l'antiquité. Le même prophète nous assure en quelque manière, dans un autre endroit, que la cavalerie arménienne conduisait à la victoire les Assyriens : et des cavaliers arméniens se rangèrent aux champs de la Troade avec les derniers fils du vieux Priam contre l'élite de la Grèce homérique. Sous la domination achéménide, l'Arménie fournissait annuellement au roi des rois, dans les fêtes Mithriaques, 20,000 chevaux, qui étaient préférés à ceux de la Perse et de la Médie : plus de 50,000 coursiers re réunissaient, dans la saison favorable, à la plaine de Moughan. Le plus grand conquérant parmi nos rois, et le plus orgueilleux des hommes, Tigrane, avait rangé, dit-on, sous ses drapeaux jusqu'à 150,000 chevaux! outre 17,000 cataphractes, c'est-à-dire homme et cheval entièrement couverts d'armure, qu'un historien compare au dos du crocodile. Presque invincibles dans la plaine sous un guide habile, ces derniers n'étaient qu'un grand embarras pour eux-mêmes et pour ceux qu'ils masquaient, dans des lieux étroits : aussi ces myriades de soldats de Tigrane furent-ils culbutés par les troupes de Lucullus qui eut l'adresse de les enfermer dans une sorte de Thermopyles. Actuellement les Kurdes, qui usent et abusent de notre patrimoine, vendent chaque année aux Perses et aux Ottomans plus de 50,000 chevaux. Le cheval arménien paraît le mieux connu et apprécié, après l'arabe, chez les anciens ; c'est par lui que commence un auteur grec anonyme sa description des chevaux selon les pays, il le décrit comme assez grand, fort et robuste, au dos large, aux flancs charnus, et hennissant fréquemment. Il lui joint le cheval phrygien : et de ces deux races il croit issue celle de la Dalmatie. Même actuellement le cheval arménien tient peut-être la première place après l'arabe et l'anglais : à la vérité il n'a ni la taille ni la forme élancée de ces deux nobles races ; il est plus petit, plus trapu ; mais il n'est pas moins rapide ; il a peut-être plus de force et d'agilité, et il les surpasse sans aucun doute par son habileté à monter et à descendre à la course les terrains accidentés et montagneux. Sur le champ de bataille, il peut se mesurer avec toute autre race ; et à ce feu noirâtre qui coule comme de bitume de ses yeux, vous le diriez le plus terrible des animaux de guerre. Parmi les races propres à l'Arménie, celle de Khenousse est la plus belle ; on croit même que le nom de Nisée, pays renommé chez les anciens Grecs pour ses coursiers, vient de cette province ; d'autant plus que le bon coursier en arménien se nomme *nejouyk* (նժույգ). Les chevaux de l'Arménie du nord sont également bons, forts et beaux ; les plus ordinaires d'entre eux pourraient, selon l'expression d'un naturaliste allemand, se placer à côté des meilleurs individus des écuries de Stuttgard ; et il conseille d'en introduire en Europe par la voie d'Érzeroum, Trébizonde et Trieste.

La nature, qui avait doté le pays d'un si bel animal, inspira aussi son possesseur pour le bien dresser et pour s'en servir encore mieux : l'art de l'éducation du cheval était donc porté à un haut degré chez nos pères, témoin quelques écrivains latins, et des ouvrages spéciaux chez nous, qui présentent une anatomie parfaite de l'animal. Quant à son usage, c'était un plaisir, une merveille, une gloire pour la jeunesse et la noblesse : un général célèbre des armées de nos rois, Mouchégh, surnommé le Vaillant, assassiné traîtreusement dans un festin, ne regrettait autre chose à son dernier soupir que de mourir loin de son blanc coursier, qui l'avait porté à plus d'une victoire. Le fier roi Sapor vaincu et par le bras et par le coeur généreux de cet illustre chef, avait ordonné de le représenter en sculpture monté sur son cheval blanc, dans la salle même de ses festins, et souvent il buvait à la santé du *Chef au cheval blanc.* Une autre sculpture représentant le même preux a été découverte, il n'y a pas longtemps, sur les confins extrêmes de notre pays, par un voyageur qui ne put en déterminer la signification précise... Mais nous voilà entraînés trop loin par l'essor de nos Pégases : disons leur adieu et avec eux à tout le règne animal et organique de notre pays !

V.

Grâces soient donc rendues à la nature pour ses dons, et plus encore au Père de la nature, qui a su si bien les faire apprécier par l'intelligent naturel du pays, habile à en tirer parti dès l'origine des temps historiques, et à les propager chez l'étranger, mariant ainsi les produits des pays lointains. L'Arménien fut de tout temps agriculteur laborieux chez lui, commerçant actif au dehors ; agent intrépide des nations qui ne se connaissaient pas, il faisait l'échange des produits naturels ou manufacturés des contrées éloignées de plusieurs degrés du méridien, et parcourait toute l'étendue de la terre civilisée ; il apprenait les langues des peuples auxquels il servait d'interprète, et étudiait partout l'économie et l'industrie. Aucun pays n'a été, et n'est étranger pour lui : toutes les nations en ont quelques souvenirs. Si l'on voulait étudier attentivement l'histoire des migrations ou de la dispersion des peuples, telle que nous la présente la Genèse, on verrait aisément que le nord et l'occident de l'Asie, et toute l'Europe sont peuplés par des colonies qui ont quitté ou traversé l'Arménie, avant et après que celle-ci portât ce nom. Bien que la critique moderne envisage diversement la question des langues et de leur filiation, cependant il est juste de se rappeler que, soit pour la langue, soit pour la race, aucun pays du monde n'a été l'objet d'autant de comparaisons et de rapprochements que l'Arménie. En commençant par Hérodote, Strabon et Eustathe, demandez à tous les linguistes et philologues, tels que Acoluthe, Schwartz, Bochart, Calmet, Hervas, Lacroze, Wiston, Leibnitz, Le-Brigance, Schröder, Heeren, John William, Anquetil, Pallas, Klaproth, Adelung, Bop, Pot, Petermann, Windischman, Gatterer, Niebuhr, et tant d'autres : de quel idiome se rapproche l'arménien? Chacun vous répondra à sa guise; et vous verrez à côté de l'arménien se ranger tour à tour le Phrygien, le Syrien, le Babylonien, le Chaldéen, l'Hébreu, le Tatar, le Turco-Caucasien, le Khozare, le Parthe et le Pehlevi, le Zende, l'Indo-germanique, l'Arien, le Médo-perse, le Grec ancien ou le Pelasge, l'Étrurien, l'Égyptien et le Copte, le Celte et le Welch, enfin le Biscaïen, et le Finnois. Malgré la confusion étrange de tout ce chaos d'où l'on a voulu tirer l'arménien, ou plutôt, bien que de l'arménien on ait voulu tirer ce chaos; malgré toutes ces assertions plus ou moins erronées, toujours est-il qu'au fond il doit y avoir quelque chose de vrai et d'originaire; autrement on ne saurait expliquer comment tant de têtes si graves aient donné dans ce chaos fantastique. Il faut d'ailleurs noter que si la Bible, les anciennes chroniques et les traditions nous montrent l'Arménie comme une pépinière des peuples et des races, elle a été aussi, par un contraste mémorable, l'hôte des colonies des différents peuples; Assyrien, Chaldéen, Hébreu, Hindou, Chananéen, Scythe, Caucasien, Thessalien, Grec, Mède, Parthe, et même Chinois. Toutes ces races, conservant d'abord plus ou moins purement leurs mœurs et leur idiome particuliers, au bout de 25 siècles se confondirent, et s'absorbèrent dans la race et la langue dominantes, l'arménienne, laquelle naturellement se modifia et s'enrichit de leurs dépouilles. La religion chrétienne sanctionna le long travail des siècles, et de tant d'éléments héterogènes, ne fit qu'un seul peuple qui, au commencement du IV.ème siècle, occupait une étendue de terre compacte plus grande que la France actuelle, divisée en 20 satrapies ou pays feudataires, subdivisée en 620 cantons ou districts, qui contenaient au moins 40,000 communes, surveillée ordinairement par 120,000 hommes sous les armes, et partagée en plus de 200 évêchées. Une époque postérieure de 1500 ans a changé la face et les constitutions du pays; il a subi toutes les secousses, tous les caprices, tous les coups de la fortune: de nouveaux peuples se sont emparés de l'Arménie; on les y voit encore très-distinctement: car la religion, et la langue interposant une barrière insurmontable, ont abandonné à l'étranger le sol de l'Arménie, conservant toujours à l'aborigène sa chère patrie. Ainsi éloigné, chassé même du sol natal, l'Arménien porte ses pénates avec lui: il cultive la Patrie dans son riche langage, il la vénère dans sa religion, il l'étudie dans ses souvenirs et l'adore dans son coeur. Cet amour de la patrie, malgré l'égarement de quelques-uns de ses fils et l'apathie de quelques autres, a conduit la nation arménienne pendant 44 siècles, à travers toutes sortes d'événements, à travers les révolutions de la nature et de la politique, à travers des nations qui sont nées après elle et mortes avant elle.

Jetez, pour la dernière fois, un regard sur cette *île-à-montagnes*, élevée entre les mers Euxinienne et Caspienne, le Golfe Persique et la Méditerranée, où elle roule les ondes du Phison, de l'Alys et de l'Iris, du Cour et de l'Araxe, du Tigre et de l'Euphrate, de Pyramis et du Cydnus, cherchez sur leurs bords déserts les orgueilleuses métropoles des nations, et dites-moi : où sont Ninive, Babylone, Ctésiphon, Séleucie, Samarra ? dites-moi plutôt où sont leurs fondateurs, ces peuples si puissants et si renommés dans l'antiquité : les Chaldéens, les Assyriens, les Mèdes, les Parthes, les Cappadociens, les Cyliciens, les Lydiens, les Carthaginois, et tant d'autres ? Demandez à un homme des anciens jours, qui, vivant à l'époque de leur plus grande force et à l'apogée de leur prospérité, en prévoyait déjà la ruine ; demandez à Ézéchiel, où sont ces nations qui répandaient la terreur dans les régions des vivants ? Hélas ! il vous montre les profondeurs de la terre, les abîmes, un lac affreux, l'empire du néant, et il vous répond : « Là est Assur et sa » multitude autour de son sépulcre ;... là est Elam, et sa multitude autour de son sépulcre ;... là sont Mosoch et Thubal ;... là est l'Idumée et » ses rois et ses chefs, et sa multitude autour de son sépulcre ; tous traînés, avec ceux qui ont été la proie du glaive, à l'abîme de la perdition ». Trêve à tes menaces, lugubre prophète, oserais-tu dire encore que « Là sont les princes d'Aquilon, tous ces généraux de l'Assyrien, » qui ont été emmenés avec les morts ; et ils ont dormi avec ceux qui » descendent dans le lac ? » Ne vois-tu pas que, comme les ondes qui ont vu ces peuples sur leurs bords, se perdent et se confondent avec la mer insatiable, tandis que leurs sources coulent toujours des mêmes hauteurs, ainsi la nation arménienne, qui avait son domicile entre ces sources, y reste encore, pendant que les autres se sont anéanties dans le gouffre du temps ? Apprends-le de nous, saint prophète, car nous voyons sans voile ce que tu entrevoyais à travers le rideau de 24 siècles ; apprends-le de nous : ces princes de l'Aquilon et de l'orient, ces généraux de l'Assyrien, ne sont pas morts tous comme Assur et Elam : ils ont survécu aux blessures du glaive ; le sépulcre n'a pas englouti tout ce qu'il convoitait ; et l'Arménien, seul de ces peuples contemporains que tu énumères, veille lui-même autour du tombeau de ses ancêtres, et autour du berceau de ses descendants ! L'Arménien, peuple généreux, peuple hospitalier, peuple croyant, fut utile à plus d'un peuple ; et si parfois, comme guerrier, s'alliant à Phul et à Salmanassar, il a traîné en captivité les fils d'Israël, il les a au moins protégés aux bords de ses fleuves et sur les hauteurs d'Armon (1) ; si confédéré avec Nabuchodonosor, il a emme-

(1) Amos.

né en captivité les princes de Juda, il les a honorés chez lui plus que ses propres dynastes, car il a reconnu en eux des fils de David et de Salomon, et il s'est servi de leurs mains pour se coiffer de sa tiare radiée, qu'il a posée ensuite sur la tête de sa captive (1): s'il a forcé (étant contraint lui-même) les fils et les filles de Jérusalem à essayer sur des harpes mouillées de pleurs amers les hymnes de Sion sous les saules de Babylone, il n'a pas été sourd à la voix du Très-Haut qui lui parlait par la bouche d'un autre prophète: (2) «Appelez-moi contre Babylone les » rois d'Ararat, de Minni et d'Ascenez; armez contre elle les guerriers; » faites monter contre elle les coursiers nombreux comme une multitude » de sauterelles». Et il est accouru avec l'Oint du Seigneur, son allié Cyrus: et, rompant, après 70 ans, les chaînes de ses captifs, il a conduit lui-même Salathiel et son peuple à travers les confins de l'Arménie, de la Mésopotamie et des nations ennemies, sains et saufs, jusqu'au centre de la Palestine (3). Et maintenant vous comprendrez, Messieurs, que l'Arménie ait pu éluder les menaces des prophètes: car elle était elle-même une terre privilégiée, la bien-aimée du Seigneur, qui s'y révéla de bonne heure: et il faut que tout peuple qui cherche son origine, se tourne vers ce pays-là. Pour retrouver les traces d'Éden, le plus sûr chemin est celui de l'Arménie: c'est elle qui offrit à Dieu le limon béni de sa terre, et reçut de ses mains le père et la mère des humains. C'est elle qui leur offrit ensuite tout ce qu'il fallait pour leur existence, leurs affections et leur repentir; c'est elle qui fut le berceau du premier-né et le tombeau du premier-mort; c'est chez elle que s'éleva le faîte d'Ararat pour recevoir une fois encore l'unique famille humaine et le reste des animaux échappés au déluge, et par les descendants de cette famille, devenus ses hôtes, elle peupla une seconde fois toute la terre. C'est elle qui a nourri les patriarches et conservé dans toute sa pureté leur foi primitive. Abraham lui-même, le nouveau père des croyants, tire d'elle son origine; car on reconnaît maintenant l'Ur des Chaldéens dans les derniers remparts des montagnes de la Cordouène, l'une des 15 satrapies ou provinces de la Grande-Arménie. Enfin c'est elle qui, selon la pieuse tradition, conjurait Jésus avec le chef des Apôtres, de se méfier des Juifs et de s'abriter avec son roi Abgare à Edesse. Elle en accueillit plus d'un apôtre, plus d'un disciple, et leur offrit la première vierge martyre, la fille même de son roi, que j'aime à appeler soeur d'Abel, car ils sont les premières victimes du monde primitif et du monde régénéré,

(1) La famille Bagratide qui régna en Arménie aux X.ème et XI.ème siècles.
(2) Jérémie.
(3) Thomas Ardzrouni.

l'une immolée par son frère, l'autre par son père: divine tragédie! C'est l'Arménie qui, après trois siècles d'hésitation, s'est donnée entièrement, avant tout autre pays, à la foi chrétienne, qu'elle garda toujours, et dont, chose singulière et contraste sérieux, après avoir été le premier, elle est encore le dernier boulevard à l'orient de la terre; car il n'y a pas un seul pays chrétien au delà du méridien de l'Arménie, du côté de l'Est, exception faite des colonies et des missions qui sont, pour ainsi dire, des plantations parmi les païens. Elle fut quelque temps comme une île, et elle est encore comme une péninsule chrétienne, entourée de croyances hétérodoxes.

C'est par le sentiment de la vraie foi, ce sentiment par excellence, que l'Arménie non seulement a pu exister et résister après la perte de son autonomie, jusqu'aujourd'hui, mais encore jouer le rôle le plus difficile, concilier les intérêts de deux mondes entre lesquels la Providence l'a placée; et si elle a failli quelquefois à des devoirs si délicats et si rigoureux, elle s'est trompée plutôt qu'elle n'a trompé les autres. Et ce n'est pas sans quelque mérite qu'elle a pu gagner l'estime et la confiance des nations dominantes et voisines. Elle a prêté des armées et des guides intrépides aux Sassanides et aux Byzantins; elle a placé les plus habiles de ses fils comme empereurs sur le trône de Constantin, et comme vice-rois à côté des dominateurs de l'Egypte et de l'Indoustan; elle a émoussé le glaive de l'Arabe en plus d'une manière, l'a instruit dans plus d'un art nécessaire, lui a donné des modèles d'une architecture qui, modifiée plus tard, s'est introduite dans les contrées lointaines: l'Europe même, à son insu, s'en est servie. Alliée aux Croisés de Godefroy, elle a conquis Jérusalem; alliée aux archers de Houlaghou, elle a conquis Baghdad. Elle a donné plus d'un ministre, plus d'un fonctionnaire, et des militaires distingués aux gouvernements des empires Ottoman, Russe, et Persan, qui l'ont partagée entre eux: et tout récemment un poste très-difficile sur l'ancien confin des royaumes de Hiram et de Salomon, tout le monde me comprend bien, a été confié à un de ses fils, à qui nous souhaitons toute la sagesse nécessaire pour dissiper des jalousies séculaires ou récentes, et pour concilier de graves intérêts. Par ses colonies industrieuses, elle a rendu plus d'un service à la Russie, à la Pologne, à l'Autriche, aux Principautés du Danube; par ses commerçants, à tous les gouvernements de l'Italie du moyen âge, à l'Espagne, aux Pays-Bas, et à quelques-uns des États dont s'est formée la France actuelle. La capitale même de ce pays, cette Babylone d'occident, doit à un Arménien la première fondation de ses maisons de société les plus fréquentées: le premier Café de Paris fut ouvert l'an 1672 à la Foire de Saint-Germain et au Quai de l'École par Pascal, et le second par Étienne, tous deux Arméniens : ils ne prévoyaient pas, certes, tout ce que la suite de leurs établissements pourrait introduire de bien ou de mal ; mais ils pouvaient attendre des amateurs quelque reconnaissance pour cette innovation. Quant à moi, je préfère remarquer les signes lumineux dont l'Arménie a semé, même hors de son horizon, les cieux des pays, sous lesquels ses fils cherchèrent un abri : j'aime à vénérer, dans l'Orléanais, S.t Grégoire, patron de Pithiviers, archevêque arménien du X.ème siècle ; à Commines, S.t Chryseuil, son patron, que la tradition donne pour disciple à S.t Denis de Paris, et reconnaît arménien ; à Gand, S.t Macaire, son patron, évêque arménien du X.ème siècle ; à Mantoue, S.t Siméon, contemporain, patron du lieu ; à Lucques, S.t Davin ; à Ancône, S.t Cyriaque ; à Padoue, S.t Phidentien, évêque du II.ème siècle, etc., etc., tous connus comme d'origine arménienne . . . Mais, hélas ! ce n'est pas ici le lieu de m'égarer sur les hauteurs sacrées de l'Empirée d'Arménie.

Je me hâterai donc, Messieurs, de résumer toutes les données de ce tableau ; et j'espère que vous me permettrez de dire qu'un pays qui n'a pas, certes, joué dans le monde politique un des premiers rôles, mais qui a participé à tous ; un pays qui compte, depuis Noé jusqu'à ce jour, une série presque non-interrompue de 250 noms de chefs nationaux, comme dynastes, rois et pontifes, auxquels sont rattachées ses traditions, et par là même celles de toute la Chronologie ; qu'un tel pays, dis-je, mérite d'être étudié et par ses indigènes, et par tous les amis de la saine philosophie. Je ne crains plus de le dire, l'Arménie a eu une destinée particulière, antérieure à celle de toute autre nation ; et, qui plus est, cette destinée n'est pas achevée encore. Ce n'est pas un secret, ce n'est pas un mystère, mais une conviction invétérée parmi le peuple Arménien, qu'il a encore un rôle à jouer, un rôle heureux à remplir ici-bas. Tout n'est pas fini pour lui : une porte merveilleuse va s'ouvrir dans un temps qui n'est pas trop éloigné, à ce que je puis croire : cette porte ne restera pas longtemps fermée à double-clé ; et je vois une de ces clés formidables, je vais vous l'indiquer franchement ; que personne ne s'effraie !... Cette clé de notre bonheur futur, cette clé si longtemps désirée, Messieurs, cette clé, c'est l'Éducation. Une éducation patriotique ; un patriotisme appuyé sur la philosophie, et la philosophie basée sur la sainte religion. Sans cet enchaînement, point d'éducation parfaite, point de civilisation, point d'homme complet. Pour bien remplir ses devoirs sociaux, l'homme a besoin d'une inspiration patriotique ; et pour que le patriotisme ne s'égare, ni ne s'arrête, il faut qu'il soit guidé par la sagesse, soutenu par la foi, couronné par la vérité éternelle...

Jeunes gens, éléves chéris, qui allez bientôt, pour vous rendre à vos familles, quitter ces salles de vos longues études, où retentit pour la derniére fois la voix d'un pére dévoué, qui s'en retourne lui-même à sa cellule solitaire; que cette voix vous rappelle toujours ce qu'elle répète depuis vingt ans à vos semblables et à vous mêmes; qu'il faut, pour être bon citoyen, étudier la Patrie. C'est la première des études, aprés celle d'une vie future. Étudiez donc, mes amis, cette noble et féconde Arménie, comme votre patrie et la nourrice du monde; étudiez-la dans sa nature physique; étudiez-la dans son état moral; étudiez-la dans le développement de son riche idiome, qui est la garantie la plus sûre d'une littérature moissonée par tant d'événements; étudiez-la, enfin, dans la pureté de sa religion et dans la noblesse de ses rites: et que ces études vous sollicitent de plus en plus à l'apprécier, à la cultiver dans tout les sens de ce mot. Car c'est le premier commandement du Créateur, donné au pére du genre humain, et donné dans notre propre pays; de LE CULTIVER ET LE GARDER!

www.ingramcontent.com/pod-product-compliance
Lightning Source LLC
Chambersburg PA
CBHW061332060726
47596CB00003B/1200